LANGUAGE   PROGRAMMES   DEVELOPMENT   CENTRE

Hans Wolfgang Wolff

Geschäfts- und Verhandlungssprache Deutsch

Band 3

LANGUAGE PROGRAMMES DEVELOPMENT CENTRE

Hans Wolfgang Wolff

Geschäfts- und Verhandlungssprache Deutsch

Band 3:

Die Dienstreise

MAX HUEBER VERLAG

Handbuch zum Audio-Kurs (Hueber-Nr. 9680)

Lerneinheit 1: Das Vorstellungsgespräch (Hueber-Nr. 9681)
                Tonband (Hueber-Nr. 2.9681), Cassette (Hueber-Nr. 3.9681)
Lerneinheit 2: Ein günstiger Einkauf (Hueber-Nr. 9682)
                Tonband (Hueber-Nr. 2.9682), Cassette (Hueber-Nr. 3.9682)
Lerneinheit 3: Die Dienstreise (Hueber-Nr. 9683)
                Tonband (Hueber-Nr. 2.9683), Cassette (Hueber-Nr. 3.9683)
Lerneinheit 4: Eine harte Verkaufsverhandlung (Hueber-Nr. 9684)
                Tonband (Hueber-Nr. 2.9684), Cassette (Hueber-Nr. 3.9684)
Lerneinheit 5: Versand über die Grenzen (Hueber-Nr. 9685)
                Tonband (Hueber-Nr. 2.9685), Cassette (Hueber-Nr. 3.9685)
Lerneinheit 6: Das neue Produkt (Hueber-Nr. 9686)
                Tonband (Hueber-Nr. 2.9686), Cassette (Hueber-Nr. 3.9686)
Lerneinheit 7: Ein Fall für den Computer (Hueber-Nr. 9687)
                Tonband (Hueber-Nr. 2.9687), Cassette (Hueber-Nr. 3.9687)
Lerneinheit 8: Das erfolgreiche Angebot (Hueber-Nr. 9688)
                Tonband (Hueber-Nr. 2.9688), Cassette (Hueber-Nr. 3.9688)
Lerneinheit 9: Ein Finanzierungsproblem (Hueber-Nr. 9689)
                Tonband (Hueber-Nr. 2.9689), Cassette (Hueber-Nr. 3.9689)
Lerneinheit 10: Gute Geschäfte im Ausland (Hueber-Nr. 9690)
                Tonband (Hueber-Nr. 2.9690), Cassette (Hueber-Nr. 3.9690)

Glossare zu Lerneinheit 1 bis 10 von I. Thier und H. W. Wolff:
Deutsch–Englisch   (Hueber-Nr. 2.9680)
Deutsch–Französisch   (Hueber-Nr. 3.9680)
Deutsch–Spanisch   (Hueber-Nr. 4.9680)

Verlagsredaktion: Hans-Werner Maier

ISBN 3–19–00.9683–X
1. Auflage 1974
© 1974 Max Hueber Verlag München
Schreibsatz: Brigitte Schneider, München
Druck: G. J. Manz AG, Dillingen
Printed in Germany

ein Tonbandgerät verfügen. Andererseits machen die präzisen Lernanweisungen, die ein- und zweisprachigen Glossare sowie das umfangreiche Tonbandmaterial diese Serie zu einem Unterrichtswerk, das auch lehrerunabhängig mit Hilfe eines Cassetten-Recorders durchgearbeitet werden kann. Der wirtschaftsorientierte Selbstlerner wird es begrüßen, daß dieses Sprachlehrwerk gleichzeitig zahlreiche Sachinformationen aus dem Wirtschafts- und Berufsleben enthält.

Die Entwicklung dieser Programme wäre ohne den Rat und die Hilfe zahlreicher in Industrie und Wirtschaft tätiger Fachleute nicht möglich gewesen.

Der Verfasser dankt insbesondere:
den Herren W. Abt, K. Arras, A. Eisenhardt, G. Frietzsche, Dr. O. Garkisch, G. Homburg, G. Juhnke, H. Koch, W. Kohaut, Dr. H. Linde, W. Mann, E. D. Menges, K. A. Raspe, P. R. Rutka, F. J. Schmid, H. Sobottka, H. Walther, R. Weinrich, E. Winecker, A. Wugk für ihre Mitarbeit bei der Aufnahme authentischer Dialoge und die Klärung von Sachfragen;
seiner Frau Rita Wolff für unermüdliche Mitarbeit.

Hans W. Wolff

Vorwort

Das vorliegende Programm gehört zu der Serie „GESCHÄFTS- UND VER-
HANDLUNGSSPRACHE DEUTSCH", die ihrerseits einen Bestandteil der
LPDC-Reihe „Sprachen in Wirtschaft und Technik" bildet. Die Serie wendet
sich besonders an Lernende mit guten Grundkenntnissen, die ihre Hörverste-
hens- und Sprechfähigkeit in praxisnahem Industrie- und Wirtschaftsdeutsch
vervollkommnen wollen.

Ausgangspunkt sämtlicher Programme sind Tonbandaufnahmen realistischer
Dialoge.

Die Serie „GESCHÄFTS- UND VERHANDLUNGSSPRACHE DEUTSCH"
führt zum aktiven Gebrauch des Deutschen im Geschäftsleben. Im Maße des
Fortschreitens in der Serie wird das Hörverständnis der Lernenden so weit ge-
schult, daß sie Fachdiskussionen gut folgen und über deren wichtige Punkte
Auskunft geben können. Der Erreichung dieses Ziels dienen die zahlreichen, an
Geschäfts- und Wirtschaftsthemen orientierten Dialoge und die Audio-Testein-
heiten.

Mit dem gleichen Nachdruck wird die Sprechfähigkeit gefördert. Die Arbeit mit
diesem Kurs versetzt die Lernenden in die Lage, Fachgespräche zu führen und
sich in allen wichtigen Situationen einer Fachdiskussion zu behaupten. Dieses
Ziel wird erreicht durch ständiges und vielfach variiertes Üben im dialogischen
Sprechen und Anwenden stereotyper Satzmuster, wobei für die Übungen aus-
schließlich Wortschatz und Strukturen Verwendung finden, die in den Dialogen
vorgegeben sind.

Dialoge und Übungen der Serie sind sprachliche Aktion und Reaktion, die in
Frage und Antwort, Aussage und Stellungnahme, Behauptung und Widerspruch
zum Ausdruck kommen.

Zwar haben Hören und Sprechen klaren Vorrang, doch werden in jeder Lerneinheit auch die Fähigkeiten des Lesens und Schreibens gefördert.

„GESCHÄFTS- UND VERHANDLUNGSSPRACHE DEUTSCH" bietet den
Lernstoff in wohlabgewogenen, abwechslungsreichen Lernschritten, die sich etwa zu gleichen Teilen auf das Buch und das Tonband als Medien verteilen.

Der gesamte Audio-Kurs besteht aus zehn Lerneinheiten. Im Klassenunterricht
bietet er bei zwei Übungsstunden pro Woche (und täglich etwa 15 Minuten
„Training") Stoff für etwa ein Unterrichtsjahr. Der Kurs ist hervorragend geeig-
net für den Klassenunterricht im Sprachlabor und in Klassen, die über wenigstens

Inhaltsverzeichnis

Der schwarze Punkt (●) bedeutet: hier muß der Lernende den Tonträger
(Band, Cassette) einsetzen!

Einleitung

Grundlage und Ausgangspunkt des Programms „DIE DIENSTREISE" sind Situationsdialoge, in denen der Leiter der Montageabteilung der Firma Euro-Engineering und ein Ingenieur der gleichen Firma zu Worte kommen.

Der sachliche Inhalt des Programms läßt sich in folgenden Stichworten kurz kennzeichnen:

Herr Werner muß nach Neu-Delhi reisen – Er wehrt sich gegen die lange Entsendung – Wann gibt es Urlaub? – Vielleicht darf die Familie nachkommen – Die Frage der Ablösung – Gute Hotels sind teuer – Freie Unterkunft – Nicht jeder verträgt exotische Kost – Hilfe durch die örtliche Vertretung – Was tun, wenn die Lebenshaltungskosten steigen? – Tarifabkommen, Kostenlage und Arbeitszeit – Die Abrechnung der Arbeitsleistung – Dienstliches und Außerdienstliches – Taschengeld – Das Bier ist zu teuer – Die leidigen Trinkgelder

Reicht die Auslösung? – Dienstreise ohne Romantik – Überstunden, wenn es sein muß – Die Arbeitszeitordnung – Die Firma ist bei Unfällen regreßpflichtig – Ein touristisches Bonbon – Die Rufpassage – Übergepäck bezahlt die Firma – Der Reisevorschuß – Reiseschecks oder Bargeld? – Geldumtausch – Der Wechselkurs – Verantwortung für die Kasse – Ein Akkreditiv wird eröffnet – Zahlung nach Erhalt der Lastschrift – Gefälligkeitsausgaben und Bewirtungskosten – Die Firma ist nicht kleinlich – Die Ausrüstungszulage

Herr Werner muß sich impfen lassen – Die Tropenapotheke – Wenn ein Unfall passiert – Mit dem nächsten Flugzeug nach Hause – Versicherung und Berufsgenossenschaft – Der Ersatzmann – Das Einreisevisum – Die Fahrten zwischen Wohnung und Baustelle – Arbeiten in Staub, Schmutz und Hitze – Das Doppelbesteuerungsabkommen – Noch mehr Steuern kann Herr Werner nicht zahlen.

Wegweiser durch das Programm

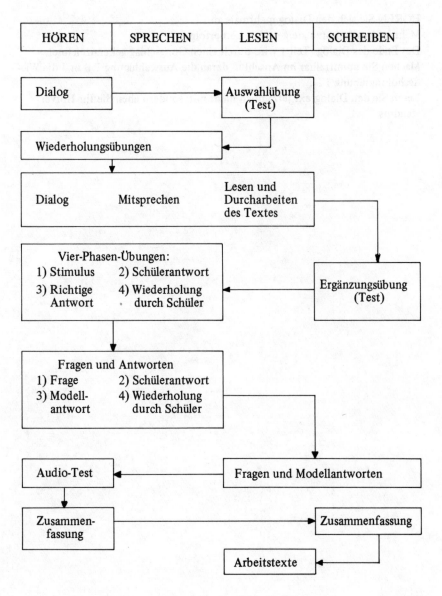

| HÖREN | SPRECHEN | LESEN | SCHREIBEN |

Dialog → Auswahlübung (Test)

Wiederholungsübungen

Dialog · Mitsprechen · Lesen und Durcharbeiten des Textes

Vier-Phasen-Übungen:
1) Stimulus 2) Schülerantwort
3) Richtige Antwort 4) Wiederholung durch Schüler

Ergänzungsübung (Test)

Fragen und Antworten
1) Frage 2) Schülerantwort
3) Modellantwort 4) Wiederholung durch Schüler

Audio-Test ← Fragen und Modellantworten

Zusammenfassung → Zusammenfassung

Arbeitstexte

9

1 A Dialog (Tonband)

HÖREN Sie sich den Dialog mehrmals an.

Mehrmaliges Anhören steigert den Lernerfolg.

Das Ende des Dialogs Teil 1 wird durch einen Gongschlag gekennzeichnet.

Machen Sie unmittelbar im Anschluß daran die Auswahlübung 1 B und die Wiederholungsübung 1 D.

Lesen Sie den Dialogtext jetzt noch nicht mit, sondern üben Sie Ihr Hörverständnis.

1 B Auswahlübung

LESEN Sie den folgenden Text. Kreuzen Sie diejenige Aussage an, die den im Dialog gegebenen Informationen entspricht. Den Schlüssel zu dieser Übung finden Sie unter 1 C.

1. Was ist der Hauptgrund dafür, daß Herr Werner nicht so lange in Indien bleiben will?
   a) Er verträgt das indische Essen nicht
   b) Die Auslösung ist ihm nicht hoch genug
   c) Er ist verheiratet und hat zwei kleine Kinder

2. Nach sechs Monaten Aufenthalt in Indien hat Herr Werner Anrecht auf
   a) eine höhere Auslösung
   b) einen Urlaub in Deutschland
   c) Unterkunft in einem Vier-Sterne-Hotel

3. Die dem Kunden für Dienstleistungen berechneten Sätze der Firma Euro-Engineering basieren zum Teil auf
   a) den zur Zeit geltenden Tarifabkommen
   b) einer zehnstündigen Arbeitszeit an fünf Tagen pro Woche
   c) den Lebenshaltungskosten in Indien

4. Alle Normalstunden und Überstunden werden abgerechnet aufgrund
   a) eines Kostenplans für die Ländergruppe, zu der Indien gehört
   b) von Stundenzetteln, die der Kunde abgezeichnet hat
   c) der derzeitigen Kostenlage

1 C Schlüssel zur Auswahlübung

1. c) 2. b) 3. a) 4. b)

11

1 D Wiederholungsübung (Tonband)

1. Hören Sie sich den Kurzdialog an.
2. Spulen Sie das Band zurück und wiederholen Sie, was der erste Dialogpartner sagt.
3. Spulen Sie das Band zurück und wiederholen Sie, was der zweite Dialogpartner sagt.

Auf dem Tonband folgt diese Übung dem Dialog 1 A. Schauen Sie bei dieser Übung nicht in Ihr Buch. Imitieren Sie die Aussprache und Intonation der Sprecher(in). Wiederholen Sie diese Übung mehrmals und versuchen Sie dann allein oder zu zweit, diesen Kurzdialog ohne Tonband zu spielen. Schreiben Sie sich als Gedächtnisstütze einige Stichworte auf.

1 E Wiederholungsübung

LESEN Sie diesen Text erst nach der Arbeit mit dem Tonband.

A: Was, ein halbes Jahr soll ich in Indien bleiben?

B: Ja, Sie müssen dort die Ingenieurarbeiten koordinieren.

A: Nein, so lange trenne ich mich nicht von meiner Familie.

B: Nun, nach sechs Monaten können Sie den ersten Urlaub nehmen.

A: Aha, Sie denken also an einen Aufenthalt von mehr als sechs Monaten!

B: Natürlich können wir diese Möglichkeit nicht ausschließen.

A: Und warum nicht?

B: Vielleicht wird der Koordinator tatsächlich länger auf der Baustelle benötigt.

A: Dann lasse ich mich ablösen!

B: Oder Sie lassen Ihre Familie nach Indien kommen . . .

A: Auf meine Kosten?

B: Nein, natürlich auf Kosten der Firma.

A: Sie meinen, die Firma würde den Flug bezahlen?

B: Ja, den Flug und alle sonstigen Reisekosten.

A: Gut, damit bin ich zufrieden.

1 F Dialog (Tonband und Buch)

HÖREN Sie sich den Dialog 1 A nochmals an. LESEN Sie gleichzeitig den folgenden Dialogtext *stumm* mit. Arbeiten Sie anschließend den Text durch. Dabei hilft Ihnen das einsprachige Glossar im Anschluß an den Dialogtext, auf das die Zahlen vor den zu erklärenden Ausdrücken verweisen. HÖREN Sie sich schließlich den Dialog nochmals an und versuchen Sie, ihn gleichzeitig zu SPRECHEN.

Einführung

Herr Werner ist als Ingenieur bei der Firma Euro-Engineering tätig, die zur Zeit mit anderen deutschen Firmen eine (1) *Baustelle* bei Neu-Delhi einrichtet. An der Ausführung des Auftrags (2) *sind auch indische Firmen beteiligt*. Herr Werner soll an Ort und Stelle die Ingenieurarbeiten der indischen und der deutschen Gesellschaften koordinieren. Er spricht gerade mit Herrn Lohmann, dem Leiter der Montageabteilung von Euro-Engineering, (3) *über die Bedingungen seiner Entsendung nach Neu-Delhi.*

Herr Werner:	Herr Lohmann, ich will Ihnen bestimmt keine Schwierigkeiten machen, aber es gibt da eine Menge Punkte in den Entsendungsbedingungen, die mir wirklich nicht gefallen!
Herr Lohmann:	Darüber können wir reden. Ich verstehe auch Ihre kritische Haltung. Sie waren noch nie längere Zeit im Ausland, und Sie hatten vor einer Woche (4) *noch keine Ahnung,* daß Sie nun nach Indien fahren müssen . . .
Herr Werner:	. . . und daß ich mindestens ein halbes Jahr dort bleiben soll! Ich bin verheiratet und habe zwei kleine Kinder. Nein, so lange trenne ich mich nicht von meiner Familie, (5) *das kommt nicht in Frage!*
Herr Lohmann:	Auch darüber können wir reden. Schauen Sie, (6) *nach spätestens sechs Monaten Aufenthalt* in Indien haben Sie (7) *Anrecht auf einen Urlaub* in Deutschland, und die Firma bezahlt Ihnen den Flug und alle sonstigen Reisekosten.
Herr Werner:	Das heißt doch praktisch, daß man jetzt schon an einen Aufenthalt von viel mehr als sechs Monaten denkt!

14

Herr Lohmann:	Natürlich (8) *können wir diese Möglichkeit nicht ausschließen.* Wenn unser Koordinator aber tatsächlich länger auf der Baustelle benötigt wird, dann können Sie auf Kosten der Firma Ihre Familie nach Neu-Delhi nachkommen lassen.
Herr Werner:	(9) *Das würde ich mir aber noch* sehr *überlegen!*
Herr Lohmann:	Das ist Ihr gutes Recht. Außerdem (10) *kann* die Firma *Sie dann ablösen lassen.* Jedenfalls sind das Fragen, die wir alle zu gegebener Zeit klären können. Im Augenblick geht es ja um Ihre bevorstehende Abreise. Ich nehme an, daß Sie (11) *mit der Auslösung* zufrieden sind ...
Herr Werner:	Nein, ich glaube nicht, daß ich mit diesem Betrag auskommen werde. Nach Ihrem Reisekostenplan gehört Indien zu einer Ländergruppe, für die geringere (12) *Auslösungssätze* gezahlt werden, als zum Beispiel für Frankreich oder Amerika. Gute Hotels sind aber in Neu-Delhi genauso teuer wie vergleichbare Hotels in New York, Paris oder Frankfurt.
Herr Lohmann:	Das ist richtig, aber wir haben ja mit dem Kunden vereinbart, daß er Ihnen (13) *freie Unterkunft stellt!*
Herr Werner:	Ja, und genau damit bin ich völlig vom guten Willen des Kunden abhängig! Wenn mir (14) *die von ihm besorgte Unterkunft* nicht zusagt, muß ich mir auf eigene Kosten eine bessere suchen, und das wird dann sehr teuer!
Herr Lohmann:	Nun, der Kunde (15) *hat uns* vertraglich ein Vier-Sterne-Hotel *zugesagt.* Damit haben Sie (16) *die Gewähr,* daß Sie ein gutes und sauberes Zimmer mit Bad und warmem Wasser bekommen.
Herr Werner:	Das mag sein, aber das nützt mir wenig, wenn es ein Hotel ist, in dem es nur indisches Essen gibt. Das hat natürlich seinen exotischen Reiz, aber ich weiß von Kollegen, die länger in Indien waren, daß viele Ausländer (17) *dieses Essen einfach nicht vertragen.* Tun Sie mir den Gefallen, Herr Lohmann, und (18) *erwirken Sie von dem Kunden die Zusage,* daß ich (19) *im Parkhotel absteigen kann.* Herr Fritsch und Herr Arnold waren kürzlich dort. Von ihnen weiß ich, daß dort die Unterkunft gut und (20) *das Essen auch für Europäer geeignet ist.*

15

Herr Lohmann:	Ich will's versuchen, Herr Werner. Vielleicht kann Herr Krishnan (21) *von unserer Vertretung in Neu-Delhi* die Sache arrangieren.
Herr Werner:	Gut. Wie komme ich übrigens zu meiner Auslösung?
Herr Lohmann:	Der Kunde ist gemäß Vertrag verpflichtet, die Auslösung (22) *jeweils* zwei Wochen im voraus an Sie auszuzahlen. Selbstverständlich steht Ihnen die volle Auslösung (23) *für jeden Kalendertag* zu.
Herr Werner:	Was gedenken Sie zu tun, wenn meine Auslösung durch (24) *Teuerung* in Indien an Wert verliert?
Herr Lohmann:	Auch (25) *dafür ist im Vertrag Vorsorge getroffen.* Wenn sich (26) *die Lebenshaltungskosten* in Indien im Verlauf (27) *der Abwicklung des Vertrages* erhöhen, dann ist der Käufer verpflichtet, (28) *die Höhe der Auslösung den geänderten Verhältnissen anzupassen.* Ähnliches gilt übrigens auch für die Sätze, die wir dem Kunden (29) *für Ihre Dienstleistungen* berechnen.
Herr Werner:	Aha, die können also auch erhöht werden!
Herr Lohmann:	Ja, unsere Sätze basieren auf den zur Zeit geltenden (30) *Tarifabkommen,* unserer derzeitigen Kostenlage und einer achtstündigen normalen Arbeitszeit an fünf Tagen pro Woche. Der Vertrag sieht vor, daß wir bei einer Änderung dieser Voraussetzungen unsere Sätze den geänderten Bedingungen anpassen können.
Herr Werner:	Und wie bezahlt der Kunde diese Sätze?
Herr Lohmann:	Wir schicken ihm jeden Monat eine Rechnung für die im vorangegangenen Monat (31) *von unseren Fachleuten* geleisteten Arbeiten. Über diese Arbeiten (32) *führen Sie genau Buch,* das heißt, Sie tragen (33) *alle geleisteten Normalstunden und Überstunden auf unseren* (34) *Vordrucken ein* und lassen sich (35) *die Stundenzettel vom Kunden abzeichnen.*
Herr Werner:	Aha, (36) *die Abrechnung* erfolgt also nach diesen Arbeitszetteln.
Herr Lohmann:	Genau.

16

Herr Werner:	Mein nächstes Problem ist (37) *das Taschengeld* für Getränke, Taxifahrten, Telefonate und ...
Herr Lohmann:	Entschuldigen Sie, wenn ich Sie unterbreche: (38) *dienstliche Taxifahrten und Telefongespräche gehen selbstverständlich zu Lasten des Käufers!*
Herr Werner:	Ja, das ist klar. Meine Entsendungsbedingungen sehen für solche Kleinausgaben 60 Rupien pro Tag vor. Wissen Sie, was Sie im Hotel in Neu-Delhi für ein Glas Bier zahlen?
Herr Lohmann:	Na, vielleicht 5 Rupien?
Herr Werner:	Nein, ein Bier kostet zwölf bis fünfzehn Rupien, das heißt, nach vier Glas Bier (39) *ist Ihr Taschengeld alle.*
Herr Lohmann:	Na ja, alkoholische Getränke sind dort halt besonders teuer. Wie wär's denn (40) *unter diesen Umständen* mit Fruchtsaft?
Herr Werner:	Ich habe nichts gegen Fruchtsaft, das mit dem Bier ist ja nur ein Beispiel. Was geschieht denn, wenn Sie im Hotel ankommen? Da reißt Ihnen ein Hotelbediensteter die Taxitür auf, ein anderer öffnet den Kofferraum und verschwindet mit Ihrem großen Gepäck. Am Eingang stehen wieder zwei; der eine eilt Ihnen mit dem Schlüssel voraus, der andere ergreift Ihr Handgepäck, und vor Ihrem Zimmer stehen dann alle vier und warten auf ein Trinkgeld.
Herr Lohmann:	Gut, aber das passiert ja nicht jeden Tag ...

(1 Gongschlag)

1 die Baustelle

der Platz, an dem gebaut wird (z.B. ein Haus oder eine Industrieanlage)

2 diese Firmen sind an der Ausführung des Auftrags beteiligt

diese Firmen arbeiten mit an der Ausführung des Auftrags

3 die Bedingungen für die Entsendung von Herrn W. nach Delhi

die Bedingungen, zu denen Herr Werner nach Delhi geschickt wird

4 ich hatte keine Ahnung davon (Umgangssprache)

das war mir gänzlich unbekannt, ich wußte davon überhaupt nichts

5 das kommt nicht in Frage!

das ist ausgeschlossen!

6 sein Aufenthalt in Indien dauert länger als sechs Monate

er bleibt mehr als sechs Monate in Indien

7 er hat Anrecht auf Urlaub in Deutschland

er hat das Recht, auf Urlaub nach Deutschland zu kommen, dieser Urlaub steht ihm zu

8 diese Möglichkeit können wir nicht ausschließen

mit dieser Möglichkeit müssen wir rechnen; dieser Fall kann eintreten

9 das würde ich mir aber noch überlegen

darüber muß ich noch nachdenken

10 wir lassen Sie ablösen

hier: wir schicken einen Ersatzmann für Sie

11 die Auslösung

hier: der Geldbetrag zur Deckung von Mehrausgaben, die dadurch entstehen, daß ein Angestellter nicht an seinem normalen Dienstort, sondern z.B. im Ausland tätig ist

12 die Auslösungssätze

die verschiedenen Beträge der Auslösung, z.B. DM 40,– für Länder wie Spanien, Jugoslawien oder Österreich; DM 50,– für Länder wie Frankreich, Großbritannien, Schweden oder Rumänien;

	DM 60,– für Länder wie Mexiko, Kanada, Japan oder Australien; DM 70,– für Länder wie die Sowjetunion, USA, Ghana oder Indonesien
13 der Kunde stellt freie Unterkunft	der Kunde sorgt für eine kostenlose Wohnmöglichkeit
14 die vom Kunden besorgte Unterkunft	die vom Kunden beschaffte (zur Verfügung gestellte) Unterkunft
15 das wurde mir zugesagt	das wurde mir versprochen
16 die Gewähr	die Garantie, die Sicherheit
17 dieses Essen kann ich nicht vertragen	dieses Essen bekommt mir nicht
18 ich habe von dem Kunden die Zusage erwirkt	ich habe eine Zusage vom Kunden erbeten (oder verlangt) und bekommen
19 er wird im Parkhotel absteigen	er wird im Parkhotel wohnen
20 ist das Essen für Europäer geeignet?	entspricht die Kost europäischen Bedürfnissen oder Erwartungen?
21 Herr Krishnan von unserer Vertretung in Neu-Delhi	Herr Krishnan vertritt in Neu-Delhi unsere Interessen; er ist dort in unserem Büro (unserer Zweigstelle, Niederlassung, Agentur) tätig
22 jeweils	in jedem Fall, jedesmal
23 der Kalendertag	die Arbeits- oder Werktage unterscheiden sich von den Sonn- und Feiertagen, aber alle sind Kalendertage
24 die Teuerung	das Ansteigen der Preise; bei starker Teuerung reden die Leute von „Inflation"
25 dafür ist im Vertrag Vorsorge getroffen	das haben wir im Vertrag berücksichtigt
26 die Lebenshaltungskosten	der Preis der Dinge, die man für das tägliche Leben braucht (Essen, Trinken, Kleidung, Wohnung, Erhaltung der Gesundheit usw.)

27 die Abwicklung des Vertrags	die Ausführung des Auftrags gemäß den Bedingungen des Vertrags
28 wir müssen unsere Preise den gestiegenen Kosten anpassen	wir müssen die erhöhten Kosten in unseren Preisen berücksichtigen, das heißt, wir müssen die Preise auch erhöhen
29 die Dienstleistungen	Euro-Engineering berechnet dem Kunden „Sachleistungen", z.B. die Lieferung von Maschinen und Apparaten, und „Dienstleistungen", z.B. die Anfertigung von Zeichnungen und die Beratung beim Bau der Anlage
30 das Tarifabkommen	im Arbeitsrecht ein zwischen einem Arbeitgeber (verband) und einer Gewerkschaft („Tarifpartner") schriftlich abgeschlossener Kollektivvertrag zur Regelung arbeitsrechtlicher Beziehungen. Für die Geltungsdauer des Tarifvertrags wird auf Kampfmaßnahmen (z.B. Streiks) verzichtet.
31 die Fachleute	die Spezialisten (Experten)
32 wir führen Buch über diese Arbeiten	wir schreiben diese Arbeiten auf, wir registrieren diese Arbeiten
33 er trägt die Überstunden ein	er notiert die Arbeitsstunden, die über die normale Arbeitszeit hinausgehen
34 der Vordruck	das Formular, das Formblatt
35 der Kunde muß die Arbeitszettel abzeichnen	der Kunde muß die Bescheinigungen über die geleistete Arbeit unterschreiben Achtung: Wenn Sie ein Dokument „abzeichnen", tun Sie dies oft nicht mit Ihrer vollen Unterschrift, sondern mit einer Kurzform Ihres Namens, die Ihren Partnern bekannt ist, z.B. mit dem Anfangsbuchstaben Ihres Familiennamens
36 die Abrechnung	hier: die Ermittlung des dem Kunden zu berechnenden Gesamtbetrags
37 das Taschengeld	ein Geldbetrag zur Deckung von Kleinausgaben
38 dienstliche Fahrten gehen zu Lasten des K.	Fahrten, die im geschäftlichen Interesse unternommen werden, muß der Käufer bezahlen

20

39 das Geld ist alle   es ist kein Geld mehr da
    (Umgangssprache)

40 unter diesen Um-   bei dieser Sachlage, wenn die Dinge so stehen
    ständen

1 H Ergänzungsübung

SCHREIBEN Sie die fehlenden Wörter in die Lücken. Den Schlüssel zu dieser Übung finden Sie unter 1 I.

1. Für diesen Auf...., an dessen Aus....... deutsche und indische Firmen ..... ligt sind, soll Herr Werner .. Ort und ... lle die Ingenieurarbeiten ...... nieren.

2. Nach sechs Monaten...... halt in Indien haben Sie .. recht ... einen Urlaub in Deutschland, und die Firma .... Ihnen den F ... und alle ... stigen Reisekosten.

3. Wenn der Koordinator ... sächlich länger ... der Baustelle .... tigt wird, dann können Sie ... Kosten der Firma Ihre Familie .... Delhi kommen lassen.

4. .... Ihrem Reisekostenplan gehört Indien .. einer Ländergruppe, ... die geringere Sätze gezahlt werden, ... zum Beispiel ... Frankreich oder Amerika, obwohl gute Hotels in Delhi genauso teuer sind ... vergleichbare Hotels in Paris oder New York.

5. Wenn mir die ... Kunden .. sorgte Unter..... nicht .. sagt, muß ich mir ... eigene Kosten eine bessere suchen.

6. Der Kunde ist ge... Vertrag verpflichtet, die Auslösung .. weils 2 Wochen .. voraus .. Sie ..... zahlen.

7. Wenn .... die Lebens....... kosten in Indien im ... lauf der .. wicklung des Vertrages erhöhen, dann ist der Käufer ver........., die Höhe der Auslösung den geänderten Verhältnissen .... passen.

11 Schlüssel zur Ergänzungsübung

1. Auftrag – Ausführung – beteiligt – an – Stelle – koordinieren
2. Aufenthalt – Anrecht – auf – bezahlt – Flug – sonstigen
3. tatsächlich – auf – benötigt – auf – nach
4. Nach – zu – für – als – für – wie
5. vom – besorgte – Unterkunft – zusagt – auf
6. gemäß – jeweils – im – an – auszuzahlen
7. sich – Lebenshaltungskosten – Verlauf – Abwicklung – verpflichtet – anzupassen

2 A Dialog (Tonband)

HÖREN Sie sich den Dialog mehrmals an.
Das Ende des Dialogs Teil 2 wird durch zwei Gongschläge gekennzeichnet.
Machen Sie wieder unmittelbar im Anschluß daran die Auswahlübung 2 B und
die Wiederholungsübung 2 D.

2 B Auswahlübung

LESEN Sie den folgenden Text. Kreuzen Sie diejenige Aussage an, die den im Dialog gegebenen Informationen entspricht. Den Schlüssel zu dieser Übung finden Sie unter 2 C.

1. Die Auslösung ist eine pauschale Entschädigung für Mehrkosten, die dadurch entstehen, daß der Angestellte
   a) wichtige Leute bewirten muß
   b) nicht an seinem normalen Dienstort arbeitet
   c) zum Beispiel Anzüge reinigen und Hemden waschen lassen muß

2. Wenn bei Überstundenarbeit auf Grund einer Übermüdung ein Unfall passiert, so kann die deutsche Berufsgenossenschaft
   a) die Firma Euro-Engineering regreßpflichtig machen
   b) die entstehenden Kosten nicht decken
   c) nicht über ein gewisses Maß an Entschädigung hinausgehen

3. Mit der Einlösung von Reiseschecks hat Herr Werner schon einmal Schwierigkeiten gehabt. Für seine Reiseausgaben
   a) nimmt er deshalb lieber Dollars in bar mit
   b) läßt er deshalb lieber ein Akkreditiv eröffnen
   c) nimmt er deshalb lieber D-Mark in bar mit

4. Was muß Herr Werner tun, wenn er Geldbeträge aus dem Akkreditiv entnehmen will? Er muß der indischen Bank
   a) seinen Reisepaß vorlegen
   b) eine Reihe von Unterlagen zur Verfügung stellen
   c) einen Scheck vorlegen

2 C Schlüssel zur Auswahlübung

1. b) 2. a) 3. c) 4. a)

2 D Wiederholungsübung (Tonband)

1. Hören Sie sich den Kurzdialog an.
2. Spulen Sie das Band zurück und wiederholen Sie, was der erste Dialogpartner sagt.
3. Spulen Sie das Band zurück und wiederholen Sie, was der zweite Dialogpartner sagt.

Auf dem Tonband folgt diese Übung dem Dialog 2 A. Schauen Sie bei dieser Übung nicht in Ihr Buch. Imitieren Sie die Aussprache und Intonation der Sprecher(in). Wiederholen Sie diese Übung mehrmals und versuchen Sie dann allein oder zu zweit, diesen Kurzdialog ohne Tonband zu spielen. Schreiben Sie sich als Gedächtnisstütze einige Stichworte auf.

2 E Wiederholungsübung

LESEN Sie diesen Text erst nach der Arbeit mit dem Tonband.

A: Gerade habe ich mir einen Reisevorschuß an der Kasse abgeholt.

B: Nehmen Sie Reiseschecks mit?

A: Nein, dieses Mal habe ich mir D-Mark in bar geben lassen.

B: Warum nicht in Schecks?

A: Bei meiner letzten Reise hatte ich Schwierigkeiten mit der Einlösung von Schecks.

B: Sie könnten natürlich die Rupien auch hier in Deutschland kaufen.

A: Ja, aber der Wechselkurs ist hier nicht so gut wie in Indien.

B: Das ist richtig. Sie tauschen also Ihre D-Mark bei einer Bank in Indien um . . .

A: Ja. Ich kann sogar im Hotel umtauschen.

B: Und wie machen Sie es mit dem Geld für die Bürokasse?

A: Dafür läßt die Firma ein Akkreditiv bei einer indischen Bank eröffnen.

B: Aha, dieses Geld wird Ihnen in Indien ausgezahlt!

A: Ja, ich kann gegen Vorlage meines Reisepasses bestimmte Beträge aus dem Akkreditiv entnehmen.

2 F Dialog (Tonband und Buch)

HÖREN Sie sich den Dialog 2 A nochmals an. LESEN Sie gleichzeitig den folgenden Dialogtext *stumm* mit. Arbeiten Sie anschließend den Text durch. Dabei hilft Ihnen das einsprachige Glossar im Anschluß an den Dialogtext, auf das die Zahlen vor den zu erklärenden Ausdrücken verweisen. HÖREN Sie sich schließlich den Dialog nochmals an und versuchen Sie, ihn gleichzeitig zu SPRECHEN.

Herr Werner: Stellen Sie sich doch mal vor, Herr Lohmann, was von dieser Auslösung alles bezahlt werden soll. Da müssen Sie sich einen Anzug reinigen lassen, da sind ein paar Hemden zu waschen...

Herr Lohmann: Entschuldigen Sie, Herr Werner, aber mir scheint, daß (1) *Sie nicht die richtige Vorstellung* von der Funktion der Auslösung *haben.* Schauen Sie, für Essen, Trinken, Kleidung und so weiter müssen Sie hier ja auch Geld bezahlen, und zwar aus Ihrem Gehalt.

Herr Werner: Ja, selbstverständlich!

Herr Lohmann: Und Ihr Gehalt wird Ihnen ja weiter bezahlt, wenn Sie in Indien sind. Die Auslösung ist davon ganz unabhängig, sie ist (2) *eine pauschale Entschädigung* für alle (3) *Mehraufwendungen,* die Ihnen dadurch (4) *entstehen,* daß Sie nicht an Ihrem normalen (5) *Dienstort* in Frankfurt arbeiten.

Herr Werner: Das habe ich durchaus verstanden. Mir geht es auch nur darum, daß die Auslösung solche Mehrkosten auch wirklich deckt! Sie wissen so gut wie ich, daß es viele Länder gibt, in denen (6) *die Auslösung mehr als ausreicht,* um (7) *die* von Ihnen erwähnten *Mehrkosten auszugleichen.* In solche Länder reisen unsere Ingenieure ja auch ganz gern, aber nach Indien . . .

Herr Lohmann: Dabei ist Indien doch ein beliebtes Reiseziel für Touristen! Reizt es Sie denn so wenig, für einige Zeit dorthin zu fahren?

Herr Werner: Ach, wissen Sie, Herr Lohmann, ich sehe dort ja fast nur die Baustelle und mein Hotelzimmer. So romantisch ist das gar nicht . . . Im übrigen bin ich laut Vertrag verpflichtet, 50 Stunden pro Woche zu arbeiten, nicht 40, wie es in Deutschland üblich ist . . .

Herr Lohmann:	Nun, dafür gibt es aber auch erhebliche Überstundenvergütungen ...
Herr Werner:	... (8) *auf die ich* normalerweise *gern verzichten würde!* Aber ich sehe ein, daß hier besondere Verhältnisse vorliegen.
Herr Lohmann:	Genau. Wenn es der Sache dienlich wäre, würde die Firma ohne weiteres zwei Koordinatoren nach Neu-Delhi schicken, aber diese Aufgabe kann nur ein Mann verantwortlich übernehmen, und das sind Sie. Die Sache mit den Überstunden ist ohnehin ziemlich delikat.
Herr Werner:	Wieso?
Herr Lohmann:	Mit den Überstunden dürfen wir selbst in Notfällen nicht über ein gewisses Maß hinausgehen, das schreibt uns (9) *die Arbeitszeitordnung* vor. Wenn es auf Grund einer Übermüdung nach zu vielen Überstunden zu einem Unfall kommt, kann die deutsche (10) *Berufsgenossenschaft,* auch wenn es sich um Arbeiten im Ausland handelt, unsere Firma (11) *regreßpflichtig* machen.
Herr Werner:	Nun, ich hoffe, daß die Arbeitszeit von 50 Stunden pro Woche nicht allzusehr überschritten wird.
Herr Lohmann:	Das hoffe ich auch. Und was die Touristenromantik betrifft, so habe ich doch noch eine Überraschung für Sie ...
Herr Werner:	(12) *Da bin ich aber gespannt!*
Herr Lohmann:	(13) *Wir werden* im Rahmen Ihrer Reise *einen Rundflug für sie buchen,* über Bombay, Hyderabad und Kalkutta nach Delhi, mit einem Wochenendausflug nach Agra und einem Besuch des Tadj-Mahal ...
Herr Werner:	Donnerwetter, (14) *das läßt sich hören!*
Herr Lohmann:	Sehen Sie, die Sache hat auch einige angenehme Seiten. Übrigens, Ihren Flug haben wir als (15) *Rufpassage* vorgesehen. Den Flugschein können Sie demnächst bei der Air-India abholen.
Herr Werner:	Wie steht es mit dem (16) *Übergepäck?*
Herr Lohmann:	Fünfzehn Kilogramm sind bezahlt, aber (17) *wir ersetzen Ihnen* auch (18) *die Kosten für etwaiges weiteres Übergepäck.*

Herr Werner:	Das ist auch notwendig, denn ich muß eine ganze Reihe von Zeichnungen und sonstigen (19) *Unterlagen* mitnehmen.
Herr Lohmann:	Ihren (20) *Reisevorschuß* müssen Sie dann rechtzeitig an der Kasse abholen, damit Sie über genügend (21) *Bargeld* verfügen. Wollen Sie Dollars mitnehmen?
Herr Werner:	Nein, ich nehme lieber D-Mark.
Herr Lohmann:	In Reiseschecks?
Herr Werner:	Nein, in bar. Ich finde, das ist besser. Mit der (22) *Einlösung von Schecks* habe ich im Ausland schon mal Schwierigkeiten gehabt.
Herr Lohmann:	Hm, und (23) *die D-Mark tauschen Sie dann in Indien* bei einer Bank *um.*
Herr Werner:	Ja, das kann ich sogar im Hotel tun.
Herr Lohmann:	Na, theoretisch könnten Sie natürlich die Rupien auch hier in Deutschland kaufen, aber der (24) *Wechselkurs* ist nicht so gut wie in Indien.
Herr Werner:	Genau.
Herr Lohmann:	Sie werden in Delhi dann auch die Verantwortung für die Kasse des Koordinationsbüros haben.
Herr Werner:	Ja, ich weiß. Wie kommt denn das Geld in diese Kasse?
Herr Lohmann:	Wir werden (25) *ein Akkreditiv bei einer Bank in Delhi* eröffnen, (26) *aus dem Sie gegen Vorlage Ihres Reisepasses* (27) *Beträge entnehmen können.* Sie schreiben uns dann jeden Monat, wieviel Geld Sie ungefähr im folgenden Monat für das Koordinationsbüro voraussichtlich brauchen werden.
Herr Werner:	Muß diese (28) *Einrichtung* eigentlich vorfinanziert werden?
Herr Lohmann:	Nein. (29) *Die Beträge,* die Sie tatsächlich entnommen haben, *werden unserer Firma* von der indischen Bank *belastet* und müssen erst nach Erhalt der (30) *Lastschrift* bezahlt werden. Es ist also nicht so wie bei dem echten Akkreditiv, wo vorher eine bestimmte Summe zur Verfügung gestellt werden muß.
Herr Werner:	Und aus dieser Kasse zahle ich alle kleineren Ausgaben im Zusammenhang mit der Einrichtung der Baustelle und der Abwicklung der Arbeiten.

Herr Lohmann:	Ja, auch gegebenenfalls kleine (31) *Gefälligkeitsausgaben* und (32) *Bewirtungskosten,* die aber normalerweise hundert Mark im Monat nicht überschreiten sollten. Sie wissen, wie notwendig es ist, (33) *sich wichtige Leute* auf der Baustelle mit einer kleinen Einladung zum Lunch oder einer kleinen Gefälligkeit *etwas geneigter zu machen.*
Herr Werner:	(34) *Und ob ich das weiß!* Ich frage mich nur, ob da hundert Mark ausreichen!
Herr Lohmann:	Nun, wenn Sie zum Beispiel meinen, daß ein kleines Fest einige Baustellenprobleme lösen könnte, dann ist die Firma bestimmt nicht kleinlich ...

(2 Gongschläge)

1 Sie haben nicht die   Sie machen sich ein falsches Bild von der Sache
   richtige Vorstellung
   von der Sache

2 eine pauschale Ent-   hier: eine Gesamtvergütung verschiedener Einzel-
   schädigung   kosten

3 die Mehraufwendungen die zusätzlichen Kosten

4 zusätzliche Kosten ent- das Wohnen im Hotel führt zu Mehraufwendungen
   stehen durch das Woh-
   nen im Hotel

5 der Dienstort   der Arbeitsplatz, die Stelle, an der man seine Tätig-
                              keit ausübt

6 die Auslösung reicht   die Auslösung genügt
   aus

7 die Auslösung soll   die Vergütung soll die zusätzlichen Aufwendungen
   die Mehrkosten aus-   decken, kompensieren
   gleichen

8 auf diese Vergütung   (hier ironisch gemeint)
   würde ich gern ver-   diese Entschädigung möchte ich gar nicht haben
   zichten

9 die Arbeitszeitordnung die offizielle Regelung der Arbeitszeit

10 die Berufsgenossen-   ist Träger der gesetzlichen Unfallversicherung für
   schaft   Arbeitnehmer in verschiedenen Berufszweigen; ei-
                              ne öffentlich-rechtliche Unternehmerorganisation

11 regreßpflichtig sein   verpflichtet sein, an eine Person oder Institution
                              Beträge zurückzuzahlen, die diese einer anderen
                              Person oder Institution zahlen mußte

12 da bin ich aber ge-   da bin ich aber neugierig!
   spannt!

13 wir buchen den Flug   wir bestellen die Flugkarte für Sie
   für Sie

14 das läßt sich hören!   über diese Mitteilung bin ich angenehm überrascht,
                              das finde ich sehr eindrucksvoll

15 die Rufpassage	der indische Kunde muß Herrn Werners Flugreise von Frankfurt nach Delhi bezahlen. Um Devisen zu sparen, reserviert und bezahlt er den Flug in Delhi, während Herrn Werners Firma den Flug in Frankfurt „abrufen" kann.
16 das Übergepäck	der Flugpreis schließt eine bestimmte Menge Reisegepäck (Koffer etc.) ein. Was der Reisende mehr mitnimmt, muß als „Übergepäck" gesondert bezahlt werden.
17 wir ersetzen die Kosten	wir erstatten (bezahlen) die Ausgaben
18 die Kosten für etwaiges weitere Übergepäck	die Kosten für weiteres Übergepäck, falls dies in Betracht kommt
19 Unterlagen	Dokumente jeder Art, z.B. Briefe, Rechnungen, Verträge, Spezifikationen, Pläne
20 der Reisevorschuß	der Geldbetrag, den der Geschäftsreisende von seiner Firma vor Antritt der Reise zur Deckung eines Teils oder sämtlicher Ausgaben bekommt
21 das Bargeld	Geld in Scheinen und Münzen
22 die Einlösung von Reiseschecks	der Reisende legt den Scheck einer Bank vor und bekommt dafür Bargeld
23 die D-Mark tauschen Sie in Indien um	die D-Mark wechseln Sie in Indien
24 der Wechselkurs	das Umrechnungsverhältnis einer Währungseinheit zu einer anderen
25 Euro-Engineering wird zugunsten von Herrn Werner ein Akkreditiv bei einer Bank in Delhi eröffnen	Euro-Engineering wird ihrer Bank in Frankfurt den Auftrag geben, eine Bank in Delhi zu ermächtigen, Herrn Werner bestimmte Summen auszuzahlen
26 das Geld bekommen Sie gegen Vorlage des Reisepasses	Sie bekommen das Geld, wenn Sie Ihren Reisepaß vorlegen. In der BRD sind der Reisepaß und die sogenannte Kennkarte die offiziellen Dokumente, mit denen eine Person bei Behörden ihre Identität nachweisen kann.

27 Sie können diese Beträ- Sie können sich diese Summen aus dem Akkreditiv
   träge aus dem Akkre- auszahlen lassen
   ditiv entnehmen

28 die Einrichtung   hier: das System, die Sache, die Angelegenheit
                         weiter unten (... mit der Einrichtung der Baustelle
                         ...): die Organisation, der Ausbau

29 diese Beträge werden diese Beträge werden als unsere Schuld gebucht
   uns belastet

30 die Lastschrift   Mitteilung, daß eine Buchung im Debet (auf der
                         Debetseite, auf der Sollseite) des Kontos erfolgt ist

31 die Gefälligkeitsaus- Kosten, die dadurch entstehen, daß man anderen
   gaben   einen Gefallen tut

32 die Bewirtungskosten z.B. Ausgaben für die Einladung von Gästen zum
                         Mittag- oder Abendessen

33 damit habe ich ihn mir damit habe ich seine Einstellung mir gegenüber
   etwas geneigter ge-   verbessert
   macht

34 und ob ich das weiß! natürlich weiß ich das ganz genau!

2 H Ergänzungsübung

SCHREIBEN Sie die fehlenden Wörter in die Lücken. Den Schlüssel zu dieser
Übung finden Sie unter 2 I.

1. Mit den Überstunden dürfen wir . . . . . . in Notfällen nicht . . . . ein gewisses Maß . . . . . . gehen, das schreibt uns die Arbeitszeitordnung . . . .

2. Wenn es . . . Grund einer Übermüdung nach Überstunden . . einem Unfall
   kommt, kann die deutsche Berufsgenossenschaft, auch wenn es sich . . Arbeiten im Ausland h . . . . . ., unsere Firma . . . . . . pflichtig machen.

3. Ihren Reisev . . . . müssen Sie . . . . . zeitig . . der Kasse . . holen, damit Sie . . . . genügend . . . geld . . . fügen.

4. Wir werden ein Akkreditiv . . . einer Bank in Delhi . . . . fnen, aus dem Sie
   . . . . . Vorlage Ihres Reisepasses . . . . äge . . . nehmen können.

5. Diese Summen werden unserer Firma von der indischen Bank be . . . . . .
   und müssen e . . . nach . . halt der . . . . schrift bezahlt werden.

6. Es ist also nicht so wie . . . dem echten Akkreditiv, . . vorher eine bestimmte Summe . . . Verfügung . . . . werden muß.

7. . . . dieser Kasse zahlt Herr Werner alle kleineren . . . gaben im . . . .-
   hang mit der Ein . . . . der Baustelle und der . . . . . . lung der Arbeiten.

1. selbst – über – hinausgehen – vor
2. auf – zu – um – handelt – regreßpflichtig
3. Reisevorschuß – rechtzeitig – an – abholen – über – Bargeld – verfügen
4. bei – eröffnen – gegen – Beträge – entnehmen
5. belastet – erst – Erhalt – Lastschrift
6. bei – wo – zur – gestellt
7. Aus – Ausgaben – Zusammenhang – Einrichtung – Abwicklung

2 I Schlüssel zur Ergänzungsübung

3 A Dialog (Tonband)

HÖREN Sie sich den Dialog mehrmals an.
Das Ende des Dialogs Teil 3 wird durch 3 Gongschläge gekennzeichnet.
Bitte vor dem Lesen des Dialogtextes unbedingt erst die Auswahl- und Wieder-
holungsübung durchgehen.

3 B Auswahlübung

LESEN Sie den folgenden Text. Kreuzen Sie diejenige Aussage an, die den im Dialog gegebenen Informationen entspricht. Den Schlüssel zu dieser Übung finden Sie unter 3 C.

1. Die Ausrüstungszulage soll dem ins Ausland entsandten Mitarbeiter dazu dienen,
   a) gegen Krankheiten vorzubeugen
   b) die notwendige Arbeitskleidung zu kaufen
   c) die Beförderung zwischen Wohnung und Arbeitsplatz zu bezahlen

2. In ein indisches Krankenhaus kommt Herr Werner dann, wenn er
   a) eine schwere Krankheit hat und transportfähig ist
   b) an Malaria, Typhus oder Paratyphus erkrankt ist
   c) eine schwere Krankheit hat und nicht transportfähig ist

3. Die Einreise nach Indien wird auch ohne Visum gestattet, wenn
   a) der Aufenthalt nicht länger als 3 Monate dauert
   b) der Kunde laut Vertrag alle Kosten für den Aufenthalt übernimmt
   c) der Einreisende in Indien Steuern zahlt

4. Im Vertrag mit dem Kunden wurde vereinbart, daß Erschwerniszuschläge gezahlt werden für
   a) Arbeiten in Staub, Schmutz und Hitze
   b) den Fall der Doppelbesteuerung in Indien und Deutschland
   c) den Fall, daß die Gefahr von Infektionen besteht

3 C Schlüssel zur Auswahlübung

1. b) 2. c) 3. a) 4. a)

3 D Wiederholungsübung (Tonband)

1. Hören Sie sich den Kurzdialog an.
2. Spulen Sie das Band zurück und wiederholen Sie, was der erste Dialogpartner sagt.
3. Spulen Sie das Band zurück und wiederholen Sie, was der zweite Dialogpartner sagt.

Auf dem Tonband folgt diese Übung dem Dialog 3 A. Schauen Sie bei dieser Übung nicht in Ihr Buch. Imitieren Sie die Aussprache und Intonation der Sprecher(in). Wiederholen Sie diese Übung mehrmals und versuchen Sie dann allein oder zu zweit, diesen Kurzdialog ohne Tonband zu spielen. Schreiben Sie sich als Gedächtnisstütze einige Stichworte auf.

3 E Wiederholungsübung

LESEN Sie diesen Text erst nach der Arbeit mit dem Tonband.

A: Was geschieht, wenn ich krank werde?

B: In diesem Fall muß der Kunde für ärztliche Behandlung sorgen.

A: Muß ich den Arzt bezahlen?

B: Nein, der Kunde trägt sämtliche Kosten für Behandlung und Medikamente.

A: Was passiert, wenn ich ernsthaft krank werde oder einen Unfall habe?

B: Dann ist der Kunde verpflichtet, Sie dort in einem erstklassigen Krankenhaus unterzubringen.

A: Da würde ich aber lieber in einem Frankfurter Krankenhaus liegen!

B: Das hängt davon ab, ob Sie transportfähig sind oder nicht.

A: Aha, wenn ich nicht transportfähig wäre, müßte ich dort im Krankenhaus bleiben.

B: Ja, oder wenn Ihre Krankheit innerhalb kurzer Zeit geheilt werden könnte.

A: Und in allen anderen Fällen würden Sie dafür sorgen . . .

B: . . . daß Sie mit dem nächsten Flugzeug nach Frankfurt gebracht würden!

A: Das ist beruhigend.

3 F Dialog (Tonband und Buch)

HÖREN Sie sich den Dialog 3 A nochmals an. LESEN Sie gleichzeitig den folgenden Dialogtext *stumm* mit. Arbeiten Sie anschließend den Text durch. Dabei hilft Ihnen das einsprachige Glossar im Anschluß an den Dialogtext, auf das die Zahlen vor den zu erklärenden Ausdrücken verweisen. HÖREN Sie sich schließlich den Dialog nochmals an und versuchen Sie, ihn gleichzeitig zu SPRECHEN.

Herr Werner:	Wie steht es mit der (1) *Ausrüstungszulage,* Herr Lohmann? Die dafür vorgesehenen dreihundert Mark erscheinen mir wirklich zu niedrig, meinen Sie nicht auch?
Herr Lohmann:	Nun, Herr Werner, die Ausrüstungszulage soll dem ins Ausland entsandten Mitarbeiter dazu dienen, die notwendige Arbeitskleidung zu kaufen.
Herr Werner:	Gut und schön. Aber für Indien braucht man eine (2) *regelrechte* Tropenausrüstung, das heißt einen Khakianzug und einen Tropenhelm.
Herr Lohmann:	Ja, das stimmt.
Herr Werner:	Außerdem können Sie zum Beispiel Ihre normalen Nylonhemden nicht tragen. Sie haben nachts Temperaturen bis neununddreißig Grad und eine Luftfeuchtigkeit von siebzig, achtzig und noch mehr Prozent; da fühlen Sie sich in einem Nylonhemd wie in einer (3) *Plastiktüte,* das heißt Sie können nur Kleidung aus Baumwolle oder Leinen tragen, alles andere schadet Ihrer Gesundheit.
Herr Lohmann:	Gut, (4) *ich werde dafür eintreten,* daß die (5) *Geschäftsführung* den (6) *Betrag* der Ausrüstungszulage in diesem Fall verdoppelt.
Herr Werner:	Sehr schön. Jetzt noch eine sehr wichtige Frage: Gegen welche Krankheiten muß ich mich noch (7) *impfen* lassen?
Herr Lohmann:	Gegen Pocken . . .
Herr Werner:	Gott sei Dank, *die* Impfung habe ich erst kürzlich vor einer Algerienreise machen lassen!
Herr Lohmann:	. . . und gegen Cholera.

Herr Werner:	Gelbfieber?
Herr Lohmann:	Nein, gegen Gelbfieber nicht. Das wäre nur dann nötig, wenn Sie aus einem Land kommen, in dem die Gefahr einer Gelbfieberinfektion besteht. Aber Sie müssen 8 Tage vor der Abreise Tabletten gegen Malaria einnehmen. (8) *Auch gegen Typhus* und Paratyphus *müssen Sie vorbeugen.* Schauen Sie auf jeden Fall morgen mal bei unserem (9) *Werksarzt* 'rein.
Herr Werner:	Ja, und Sie geben mir auf jeden Fall Ihre Tropenapotheke mit!
Herr Lohmann:	Natürlich, und unser Handbuch für Reisen in die Tropen.
Herr Werner:	Was geschieht nun aber, wenn ich ernsthaft krank werde oder einen Unfall habe?
Herr Lohmann:	Wenn das passiert, was wir nicht hoffen wollen, dann ist der Kunde laut Vertrag verpflichtet, (10) *Sie auf seine Kosten in einem erstklassigen Krankenhaus unterzubringen.* Dies gilt aber nur für ganz schwere oder aber ganz leichte Krankheiten, die innerhalb kurzer Zeit geheilt werden können. In allen anderen Fällen werden wir dafür sorgen, daß Sie mit dem nächsten Flugzeug nach Frankfurt gebracht werden.
Herr Werner:	Das ist beruhigend.
Herr Lohmann:	Abgesehen von den Krankenhauskosten trägt der Kunde übrigens auch sämtliche Kosten für Medikamente und ärztliche Behandlung. Natürlich (11) *müssen Sie uns* gerade in solchen Fällen immer *auf dem laufenden halten.* (12) *Wir müssen also* immer *wissen, wo Sie sich* gerade *aufhalten* und (13) *wie Ihr Befinden ist.* Am besten erfolgt diese Information über unsere Vertretung in Delhi, und die wichtigste Information bei schwerer Erkrankung ist, ob Sie transportfähig sind oder nicht.
Herr Werner:	Davon hängen dann sicher auch Fragen im Zusammenhang mit der Versicherung und der Berufsgenossenschaft ab ...
Herr Lohmann:	Ja, klar, die wollen dann alle mitreden. (14) *Die Entscheidungen* in einem solchen Fall *sind* ja schließlich auch *mit erheblichen Kosten* verbunden.

Herr Werner:	Und (15) *was passiert, wenn ich wegen Krankheit* ganz *ausfalle?*
Herr Lohmann:	Dann werden Sie abgelöst, und der Kunde muß (16) *laut Vertrag* alle Kosten für den Ersatzmann übernehmen, weil das ein Risiko ist, das durch unsere Sätze nicht gedeckt wird.
Herr Werner:	Wie steht es mit dem Visum für die Reise nach Indien?
Herr Lohmann:	Ja, normalerweise ist für die Arbeit in Indien ein Visum erforderlich. Allerdings wird die Einreise auch ohne Visum gestattet, wenn der Aufenthalt nicht länger als drei Monate dauert.
Herr Werner:	Was soll ich also unter diesen Umständen tun?
Herr Lohmann:	Nach zwei Monaten Tätigkeit in Indien (17) *wenden Sie sich an den Kunden,* der dann gemäß Vertrag verpflichtet ist, (18) *das Visum bei seiner Regierung zu beantragen.* wenn wir jetzt schon *ganz genau* wüßten, daß Ihr Aufenthalt in Indien drei Monate überschreiten wird, dann müßten wir Ihr Visum von hier aus bei der Indischen Botschaft beantragen.
Herr Werner:	Ein weiterer Punkt ist die Fahrgelegenheit an Ort und Stelle. Auf anderen Baustellen unserer Firma stehen ein oder mehrere Fahrzeuge zur Verfügung . . .
Herr Lohmann:	Im Vertrag ist vereinbart, daß der Kunde für eine (19) *angemessene* Transportmöglichkeit sorgt. Moment, das kann ich Ihnen genau sagen . . . Hier, schauen Sie, hier heißt es unter Artikel 10: „Der Käufer sichert dem Fachpersonal des Verkäufers kostenlose und angemessene (20) *Beförderung* von ihren Wohnungen zur Baustelle und zurück zu".
Herr Werner:	Ich wäre sehr dafür, daß der Kunde (21) *ein Auto mit Fahrer stellt.* Ich möchte nicht das Risiko eingehen, in einem mir ganz fremden Land selbst Auto zu fahren. Das kann katastrophale Folgen haben. Sie wissen, daß in vielen Ländern außerhalb der Städte keine Verkehrsregelung besteht. Da fährt jeder so, (22) *wie es ihm* gerade *paßt.*
Herr Lohmann:	Das wäre eine Sache, die wir auch noch über unsere Vertretung klären müßten. Ich glaube, daß wir da für Fahrten im

Umkreis von dreißig bis vierzig Kilometern keine Schwierigkeiten zu befürchten brauchen.

Herr Werner:	Gut. Wie steht es mit den (23) *Erschwerniszuschlägen?*
Herr Lohmann:	Im Vertrag haben wir vereinbart, daß bei Arbeiten in Staub, Schmutz und Hitze ein (24) *Aufschlag* berechnet wird. Diesen Aufschlag wird die Firma an Sie weitergeben.
Herr Werner:	(25) *Wie sieht es mit meiner Steuerpflicht aus?*
Herr Lohmann:	Die Steuern in Deutschland laufen zunächst für die ersten drei Monate weiter wie bisher. (26) *Ihre Auslösung* allerdings *wird hier nicht versteuert.*
Herr Werner:	(27) *Kann ich* denn in Indien *von den* dortigen *Behörden zur Zahlung von Steuern herangezogen werden?*
Herr Lohmann:	(28) *Grundsätzlich* ja. Wenn kein (29) *Doppelbesteuerungsabkommen* mit Indien besteht — was ich im Augenblick nicht genau sagen kann — dann können Sie in Indien *und* in Deutschland (30) *besteuert werden.* Das (31) *braucht Sie* aber *nicht zu kümmern.* Die Firma sorgt auf jeden Fall dafür, daß Sie insgesamt nicht mehr (32) *Steuern* zahlen müssen, als Sie normalerweise in Deutschland *zu entrichten* haben.
Herr Werner:	Na, Herr Lohmann, *noch* mehr Steuern, als ich hier zahle, das ginge ja gar nicht, da bliebe ja von meinem Gehalt nichts mehr übrig ...

(3 Gongschläge)

3 G Glossar

1	die Ausrüstungszulage	eine besondere Zahlung, hier für die Ausstattung des Mitarbeiters mit Arbeitskleidung
2	regelrecht	richtig (kann so bezeichnet werden)
3	die Plastiktüte	ein Behälter aus Kunststoff. Plastiktüten bekommt man insbesondere in Kaufhäusern und Supermärkten zum Einpacken der gekauften Waren.
4	ich werde dafür eintreten	ich werde mich dafür einsetzen, daß ...
5	die Geschäftsführung	die Direktion der Firma
6	der Betrag	die Summe
7	impfen	eine Impfung vornehmen; Impfung = Schutz gegen ansteckende Krankheiten durch kleinste Mengen abgeschwächter Bakterien mittels Injektion oder Hautritzung
8	gegen diese Krankheit müssen Sie vorbeugen	Sie müssen etwas tun (z.B. sich impfen lassen oder Tabletten einnehmen), damit Sie diese Krankheit nicht bekommen
9	der Werksarzt	In der BRD gibt es viele Industriebetriebe und Firmen, die außer einer Station für erste Hilfe auch einen Arzt zur medizinischen Betreuung ihrer Arbeiter und Angestellten haben.
10	man wird Sie in einem erstklassigen Krankenhaus unterbringen	man wird dafür sorgen, daß Sie in einer sehr guten Klinik aufgenommen werden
11	Sie müssen uns auf dem laufenden halten	Sie müssen uns ständig informieren
12	wir müssen wissen, wo Sie sich aufhalten	wir müssen wissen, wo Sie sind
13	wir müssen wissen, wie Ihr Befinden ist	wir müssen wissen, wie es Ihnen geht

14 die Entscheidungen sind mit erheblichen Kosten verbunden	die Entscheidungen kosten viel Geld
15 was passiert, wenn ich wegen Krankheit ausfalle?	was geschieht, wenn ich krank werde und deshalb meine Tätigkeit nicht ausüben kann?
16 laut Vertrag	gemäß Vertrag
17 wenden Sie sich an den Kunden	nehmen Sie mit dem Kunden Verbindung auf
18 der Kunde muß das Visum bei seiner Regierung beantragen	der Kunde muß die oberste Behörde bitten, die Einreise zu gewähren
19 angemessen	annehmbar, adäquat
20 die Beförderung	der Transport
21 der Kunde soll ein Auto mit Fahrer stellen	der Kunde soll dafür sorgen, daß ein Wagen mit Chauffeur zur Verfügung steht
22 wie es ihm paßt	wie es ihm gefällt, wie es ihm beliebt
23 die Erschwernis-zuschläge	die Sonderzahlungen für besonders unangenehme Bedingungen
24 der Aufschlag	die Erhöhung, der Extrabetrag
25 wie sieht es mit meiner Steuerpflicht aus?	habe ich Steuern zu (be)zahlen und wenn ja, welche?
26 Ihre Auslösung wird hier nicht versteuert	für Ihre Auslösung müssen Sie hier keine Steuern (be)zahlen
27 von den Behörden werden wir zur Zahlung von Steuern herangezogen	die Behörden zwingen uns, Steuern zu zahlen, die Behörden erlegen uns steuern auf
28 grundsätzlich	im Prinzip
29 das Doppelbe-steuerungsabkommen	eine vertragliche Regelung zwischen zwei Staaten, die vermeiden soll, daß Einkommen von Personen oder Firmen in beiden Ländern gleichzeitig besteuert werden

30 besteuern	mit einer Steuer (oder Steuern) belegen
31 das braucht Sie nicht zu kümmern	darüber brauchen Sie sich keine Gedanken (Sorgen) zu machen
32 Steuern entrichten	Steuern (be)zahlen

3 H Ergänzungsübung

SCHREIBEN Sie die fehlenden Wörter in die Lücken. Den Schlüssel zu dieser Übung finden Sie unter 3 I.

1. Die Auslösung ist eine pauschale Ent . . . . für alle Mehrauf . . . . . . - . . . , die Ihnen dadurch . . . stehen, daß Sie nicht . . Ihrem normalen Dienst . . . in Frankfurt arbeiten.

2. Sie wissen so gut . . . ich, daß es viele Länder gibt, in . . . . . die Auslösung mehr als . . . . . . cht, um die von Ihnen . . . ähnten Mehrkosten . . . . . - . . eichen.

3. Mit den . . . . stunden dürfen wir selbst in . . . fällen nicht . . . . ein gewisses Maß . . . . . . gehen, das schreibt uns die Arbeitszeitordnung . . . .

4. Wir werden im R . . . . . Ihrer Reise einen Rundflug für Sie . . . . . . , und den Flug . . . . . . können Sie dem . . . . . . bei der Air-India . . holen.

5. Ihren Reisev . . . . müssen Sie . . . . . zeitig . . der Kasse abholen, ... Sie über g . . . . Bargeld ver . . . .

6. Die Beträge, die Sie . . . dem Akkreditiv ent . . . . . . haben, werden der Firma von der indischen Bank . . . . stet und müssen . . . . nach Er . . . . der . . . . schrift bezahlt werden.

7. Aus der Kasse des Koordinationsbüros zahlen wir alle kleineren Ausgaben im Zusammen . . . . mit der Einrichtung der Bau . . . . . . , sowie . . . . - falls kleine G . . . . ausgaben und Be . . . . kosten.

48

3 | Schlüssel zur Ergänzungsübung

1. Entschädigung – Mehraufwendungen – entstehen – an – Dienstort
2. wie – denen – ausreicht – erwähnten – auszugleichen
3. Überstunden – Notfällen – über – hinausgehen – vor
4. Rahmen – buchen – Flugschein – demnächst – abholen
5. Reisevorschuß – rechtzeitig – an – damit – genügend – verfügen
6. aus – entnommen – belastet – erst – Erhalt – Lastschrift
7. Zusammenhang – Baustelle – gegebenenfalls – Gefälligkeitsausgaben – Bewirtungskosten

4 A Vier-Phasen-Übungen (Tonband)

SPRECHEN Sie, wie es Ihnen Ihre Tonbandlehrer zu Beginn jeder Übung vormachen. Das geht z.B. so vor sich:

1. Lehrer:	Beantragt der Kunde das Visum?
2. Lehrer:	Ja, wir haben mit dem Kunden vereinbart, daß er das Visum beantragt.

Ein solches Beispiel zeigt Ihnen, wie Sie reagieren sollen, wenn Ihnen ähnliche Sprechanreize gegeben werden, etwa so:

Lehrer:	Bezahlt der Kunde die Steuer?
Schüler:	Ja, wir haben mit dem Kunden vereinbart, daß er die Steuer bezahlt.
Lehrer:	Ja, wir haben mit dem Kunden vereinbart, daß er die Steuer bezahlt.
Schüler:	Ja, wir haben mit dem Kunden vereinbart, daß er die Steuer bezahlt.

Sie versuchen also immer, auf den Sprechanreiz, den „Stimulus", richtig zu reagieren. Falls Sie einen Fehler machen: Ihre Tonbandlehrer geben Ihnen anschließend die Modellantwort. Wiederholen Sie immer diese Modellantwort. Mehrmaliges Durcharbeiten der Drills erhöht den Lernerfolg.

4 B Vier-Phasen-Übungen

LESEN Sie diese Texte erst nach der Arbeit mit dem Tonband.

„Ja, wir haben mit dem Kunden vereinbart, daß er das Hotelzimmer besorgt"
(1)

Beispiel:

Besorgt der Kunde das Hotelzimmer?
– Ja, wir haben mit dem Kunden vereinbart, daß er das Hotelzimmer besorgt.

Jetzt sind Sie an der Reihe! Ihre Antwort muß immer so beginnen: „Ja, wir haben mit dem Kunden vereinbart, daß . . . "

Besorgt der Kunde das Hotelzimmer?
– Ja, wir haben mit dem Kunden vereinbart, daß er das Hotelzimmer besorgt.

Bezahlt der Kunde die Steuer?
– Ja, wir haben mit dem Kunden vereinbart, daß er die Steuer bezahlt.

Stellt der Kunde ein Auto mit Fahrer?
– Ja, wir haben mit dem Kunden vereinbart, daß er ein Auto mit Fahrer stellt.

Beantragt der Kunde das Visum?
– Ja, wir haben mit dem Kunden vereinbart, daß er das Visum beantragt.

Trägt der Kunde die Krankenhauskosten?
– Ja, wir haben mit dem Kunden vereinbart, daß er die Krankenhauskosten trägt.

Eröffnet der Kunde das Akkreditiv?
– Ja, wir haben mit dem Kunden vereinbart, daß er das Akkreditiv eröffnet.

Koordiniert der Kunde die Bauarbeiten?
– Ja, wir haben mit dem Kunden vereinbart, daß er die Bauarbeiten koordiniert.

„Nein, der Käufer ist nicht verpflichtet, die Auslösung sofort auszuzahlen" (2)

Beispiel:

Zahlt der Käufer die Auslösung sofort aus?
– Nein, der Käufer ist nicht verpflichtet, die Auslösung sofort auszuzahlen.

Jetzt sind Sie dran! Ihre Antwort muß immer so beginnen: „Nein, der Käufer ist nicht verpflichtet . . . "

51

Zahlt der Käufer die Auslösung sofort aus?
– Nein, der Käufer ist nicht verpflichtet, die Auslösung sofort auszuzahlen.

Richtet der Käufer die Baustelle ein?
– Nein, der Käufer ist nicht verpflichtet, die Baustelle einzurichten.

Löst der Käufer den erkrankten Ingenieur ab?
– Nein, der Käufer ist nicht verpflichtet, den erkrankten Ingenieur abzulösen.

Paßt der Käufer die Sätze den neuen Bedingungen an?
– Nein, der Käufer ist nicht verpflichtet, die Sätze den neuen Bedingungen anzupassen.

Trägt der Käufer die Arbeitsstunden ein?
– Nein, der Käufer ist nicht verpflichtet, die Arbeitsstunden einzutragen.

Gleicht der Käufer die Mehrkosten aus?
– Nein, der Käufer ist nicht verpflichtet, die Mehrkosten auszugleichen.

Holt der Käufer die Flugscheine und Visa ab?
– Nein, der Käufer ist nicht verpflichtet, die Flugscheine und Visa abzuholen.

„Ja, Sie können sich die Stundenzettel von Herrn Werner abzeichnen lassen"
(3)

Beispiel:

Wer zeichnet die Stundenzettel ab, Herr Werner?
– Ja, Sie können sich die Stundenzettel von Herrn Werner abzeichnen lassen.

Jetzt sind Sie dran!

Wer zeichnet die Stundenzettel ab, Herr Werner?
– Ja, Sie können sich die Stundenzettel von Herrn Werner abzeichnen lassen.

Wer tauscht die D-Markbeträge um, Herr Lohmann?
– Ja, Sie können sich die D-Markbeträge von Herrn Lohmann umtauschen lassen.

Wer löst die Reiseschecks ein, Herr Arnold?
– Ja, Sie können sich die Reiseschecks von Herrn Arnold einlösen lassen.

Wer nimmt die Unterlagen mit, Herr Fritsch?
– Ja, Sie können sich die Unterlagen von Herrn Fritsch mitnehmen lassen.

Wer holt den Reisevorschuß ab, Fräulein Schmidt?
– Ja, Sie können sich den Reisevorschuß von Fräulein Schmidt abholen lassen.

Wer trägt die Überstunden ein, der Koordinator?
– Ja, Sie können sich die Überstunden von dem Koordinator eintragen lassen.

Wer zahlt das Gehalt aus, die deutsche Firma?
– Ja, Sie können sich das Gehalt von der deutschen Firma auszahlen lassen.

„Dienstliche Taxifahrten gehen zu Lasten des Käufers" (4)

Beispiel:

Wer bezahlt dienstliche Taxifahrten?
Der Käufer
– Dienstliche Taxifahrten gehen zu Lasten des Käufers.

Jetzt kommen Sie an die Reihe!

Wer bezahlt dienstliche Taxifahrten?
Der Käufer
– Dienstliche Taxifahrten gehen zu Lasten des Käufers.

Wer bezahlt dienstliche Telefongespräche?
Der indische Kunde
– Dienstliche Telefongespräche gehen zu Lasten des indischen Kunden.

Wer bezahlt den Flug?
Die deutschen Firmen
– Der Flug geht zu Lasten der deutschen Firmen.

Wer bezahlt die Krankenhauskosten?
Die deutsche Berufsgenossenschaft
– Die Krankenhauskosten gehen zu Lasten der deutschen Berufsgenossenschaft.

Wer bezahlt die Mehrkosten für Kleidung und Reinigung?
Unser Ingenieur
– Die Mehrkosten für Kleidung und Reinigung gehen zu Lasten unseres Ingenieurs.

Wer bezahlt die Erschwerniszuschläge?
Unser Kunde
– Die Erschwerniszuschläge gehen zu Lasten unseres Kunden.

Wer bezahlt die Reisekosten für die Familie?
Unsere Gesellschaft
– Die Reisekosten für die Familie gehen zu Lasten unserer Gesellschaft.

„Diese Einrichtung braucht nicht vorfinanziert zu werden" (5)

Beispiel:

Wie steht es mit der Vorfinanzierung dieser Einrichtung?
– Diese Einrichtung braucht nicht vorfinanziert zu werden.

Jetzt sind Sie an der Reihe!

Wie steht es mit der Vorfinanzierung dieser Einrichtung?
– Diese Einrichtung braucht nicht vorfinanziert zu werden.

Wie steht es mit der Koordinierung dieser Arbeiten?
– Diese Arbeiten brauchen nicht koordiniert zu werden.

Wie steht es mit der Erhöhung dieses Betrags?
– Dieser Betrag braucht nicht erhöht zu werden.

Wie steht es mit der Berechnung dieser Leistungen?
– Diese Leistungen brauchen nicht berechnet zu werden.

Wie steht es mit der Abzeichnung dieser Arbeitszettel?
– Diese Arbeitszettel brauchen nicht abgezeichnet zu werden.

Wie steht es mit der Reinigung dieses Anzugs?
– Dieser Anzug braucht nicht gereinigt zu werden.

Wie steht es mit der Bezahlung dieser Überstunden?
– Diese Überstunden brauchen nicht bezahlt zu werden.

„Das freut mich. Hoffentlich wird meine auch erhöht!" (6)

Beispiel:

Herrn Arnolds Auslösung ist erhöht worden.
– Das freut mich. Hoffentlich wird meine auch erhöht!

Jetzt sind Sie an der Reihe!

Herrn Arnolds Auslösung ist erhöht worden.
– Das freut mich. Hoffentlich wird meine auch erhöht!

Herrn Lohmanns Reisekosten sind voll bezahlt worden.
– Das freut mich. Hoffentlich werden meine auch voll bezahlt!

Herrn Fritschs Flug ist sofort gebucht worden.
– Das freut mich. Hoffentlich wird meiner auch sofort gebucht!

Achtung, jetzt kommt eine kleine Änderung!

Beispiel:

Herrn Werners Zimmer ist teurer geworden.
– Das tut mir leid. Hoffentlich wird meines nicht auch teurer!

Jetzt sind Sie an der Reihe!

Herrn Werners Zimmer ist teurer geworden.
– Das tut mir leid. Hoffentlich wird meines nicht auch teurer!

Herrn Lohmanns Steuern sind verdoppelt worden.
– Das tut mir leid. Hoffentlich werden meine nicht auch verdoppelt!

Herrn Arnolds Gepäck ist nach Kalkutta geschickt worden.
– Das tut mir leid. Hoffentlich wird meines nicht auch nach Kalkutta geschickt!

„Wir werden dafür sorgen, daß Herr Fritsch mit dem nächsten Flugzeug nach Frankfurt gebracht wird" (7)

Beispiel:

Sie müssen Herrn Fritsch mit dem nächsten Flugzeug nach Frankfurt bringen lassen.
– Wir werden dafür sorgen, daß Herr Fritsch mit dem nächsten Flugzeug nach Frankfurt gebracht wird.

Jetzt sind Sie an der Reihe! Beginnen Sie Ihren Satz immer so: „Wir werden dafür sorgen, daß . . . "

Sie müssen Herrn Fritsch mit dem nächsten Flugzeug nach Frankfurt bringen lassen.
– Wir werden dafür sorgen, daß Herr Fritsch mit dem nächsten Flugzeug nach Frankfurt gebracht wird.

Sie müssen Herrn Werner sofort gegen Pocken impfen lassen.
– Wir werden dafür sorgen, daß Herr Werner sofort gegen Pocken geimpft wird.

Sie müssen Herrn Arnold in einem erstklassigen Krankenhaus unterbringen lassen.
– Wir werden dafür sorgen, daß Herr Arnold in einem erstklassigen Krankenhaus untergebracht wird.

Sie müssen Herrn Lohmann durch die indische Vertretung informieren lassen.
— Wir werden dafür sorgen, daß Herr Lohmann durch die indische Vertretung
informiert wird.

Sie müssen das Visum schon jetzt beantragen lassen.
— Wir werden dafür sorgen, daß das Visum schon jetzt beantragt wird.

Sie müssen diese Frage zu gegebener Zeit klären lassen.
— Wir werden dafür sorgen, daß diese Frage zu gegebener Zeit geklärt wird.

Sie müssen das Gepäck am Flugplatz abholen lassen.
— Wir werden dafür sorgen, daß das Gepäck am Flugplatz abgeholt wird.

4 C Fragen und Antworten (Tonband)

HÖREN Sie sich die Fragen an. SPRECHEN Sie in den Pausen, d.h. beantworten Sie die Fragen nach bestem Vermögen. Wiederholen Sie jeweils die anschließende Modellantwort des Sprechers. Auf dem Tonband folgen diese Fragen und Antworten den Vier-Phasen-Übungen 4 B.

4 F Audio-Test (Tonband und Buch)

HÖREN Sie sich die Satzanfänge an, die Ihre Tonbandlehrer vorlesen, und kreuzen Sie auf diesem Testbogen jeweils diejenigen Schlußfassungen der Sätze an, die den Dialoginformationen entsprechen. Auf dem Tonband folgt dieser Audio-Test den Modellantworten 4 E. Den Schlüssel zu diesem Test finden Sie unter 4 G.

1		2		3	
in den Tropen	○	ein besseres Hotel suchen	○	in D-Mark ausgezahlt werden	○
längere Zeit im Ausland	○	jeden Monat eine Woche Urlaub nehmen	○	doppelt versteuert werden	○
auf einer Baustelle	○	seine Familie nach Indien kommen lassen	○	bei der Regierung beantragt werden	○
zufrieden mit seiner Reiseauslösung	○	Urlaub in Bombay oder Kalkutta machen	○	zwei Wochen im voraus ausgezahlt werden	○

4

Air-India berechnet hohe Kosten dafür	○
Herrn Werners Auslösung reicht dafür nicht aus	○
Herr Werner muß viele Unterlagen mitnehmen	○
sonst wäre der Rundflug zu teuer	○

5

Er holt sich einen Vorschuß an der Kasse ab	○
Er entnimmt das Geld einem Akkreditiv	○
Er löst Reiseschecks ein	○
Er entnimmt das Geld der Ausrüstungskasse	○

6

Erschwerniszulagen und Bewirtungskosten	○
Ausrüstungszulagen und Bewirtungskosten	○
Beförderungskosten und Gefälligkeitsausgaben	○
Gefälligkeitsausgaben und Bewirtungskosten	○

7

ernsthaft krank geworden	○
gegen Pocken geimpft worden	○
gegen Gelbfieber geimpft worden	○
nach Paris geschickt worden	○

8

er Schwierigkeiten in Indien hat	○
die Gefahr einer Infektion besteht	○
er auf der Baustelle nicht mehr benötigt wird	○
er wegen Krankheit ganz ausfällt	○

9

zur Steuerzahlung herangezogen werden	○
regreßpflichtig gemacht werden	○
nicht zur Steuerzahlung herangezogen werden	○
pauschal belastet werden	○

4 I Zusammenfassung (Text)

Auf unserer Baustelle bei Neu-Delhi müssen die Ingenieurarbeiten mehrerer deutscher und indischer Firmen koordiniert werden. Für diese Aufgabe ist Herr Werner vorgesehen. Die Bedingungen seiner Entsendung wurden im einzelnen mit ihm besprochen. Als Ergebnis der Besprechung sind folgende Punkte festzuhalten:

— Nach spätestens neun Monaten Aufenthalt in Indien hat Herr Werner Anrecht auf einen Urlaub in Deutschland. Die Firma bezahlt ihm den Flug und alle sonstigen Reisekosten in diesem Zusammenhang.

— Wird Herr Werner länger als 6 Monate auf der Baustelle benötigt, so kann er auf Kosten der Firma seine Familie nach Neu-Delhi kommen lassen.

— Vertraglich wurde uns vom Kunden als Unterkunft für Herrn Werner ein Vier-Sterne-Hotel zugesagt. Unsere Vertretung in Indien wird versuchen, eine Zusage des Kunden zu erwirken, wonach Herr Werner im Parkhotel absteigen kann.

— Bei einer Erhöhung der Lebenshaltungskosten in Indien wird die Höhe von Herrn Werners Auslösung den geänderten Verhältnissen angepaßt.

— Herr Werner übernimmt die Verantwortung für die Kasse des Koordinationsbüros. Zu diesem Zweck wird ein Akkreditiv bei einer Bank in Delhi eröffnet, aus dem Herr Werner gegen Vorlage seines Reisepasses Beträge entnehmen kann.

— Die normale Kleidungszulage wird im Hinblick auf die erforderliche Tropenausrüstung verdoppelt.

— Herr Werner muß sich vor seiner Abreise noch gegen Pocken und Cholera impfen lassen. Bei ernsthafter Erkrankung oder Unfall wird Herr Werner laut Vertrag in einem erstklassigen indischen Krankenhaus untergebracht oder, falls er transportfähig ist, mit der nächsten Maschine nach Frankfurt geflogen.

4 J Arbeitstexte

LESEN Sie diese Texte. Schlagen Sie unbekannte Wörter möglichst in einem einsprachigen Lexikon nach.

Auszug aus der Reiseordnung der Firma Euro-Engineering

1. **Begriff der Dienstreise**
   Eine Dienstreise liegt vor, wenn der Mitarbeiter aus dienstlichen Gründen in einer Entfernung von mindestens 15 km von seiner regelmäßigen Arbeitsstätte vorübergehend tätig wird.

2. **Dauer der Dienstreise**
   Die Dienstreise beginnt bzw. endet mit dem Zeitpunkt, in dem die Arbeitsstätte verlassen bzw. wieder erreicht wird.

3. **Genehmigung und Meldung**
   Jede Dienstreise sowie die Wahl des Beförderungsmittels bedarf der Genehmigung durch die Geschäftsführung auf dem Reisemeldungsformular der Gesellschaft.

4. **Benutzung von Kraftfahrzeugen**
   Die Benutzung von Privatkraftfahrzeugen ist grundsätzlich unzulässig. Eine Ausnahmegenehmigung kann beim Vorliegen besonderer Gründe erteilt werden, z.B. schlechte Verkehrsbedingungen, Mitnahme umfangreichen Gepäcks oder gemeinsame Fahrt mehrerer Reisenden. In solchen Fällen werden pro gefahrenen Kilometer DM .... erstattet. Mit diesem Betrag sind alle Betriebskosten und -risiken (z.B. Steuer, Versicherung, Parkplatz- und Garagengebühren) abgegolten.

5. **Information der Versicherungsabteilung**
   Bei allen Dienstreisen ins außereuropäische Ausland ist die Versicherungsabteilung mindestens 1 Tag vor Antritt und unmittelbar nach Beendigung der Reise schriftlich, in Ausnahmefällen telefonisch, zu verständigen. Unterbleibt dies, so besteht kein Versicherungsschutz.

6. **Kosten der Reisevorbereitung**
   Alle notwendigen Kosten der Reisevorbereitung (Lichtbilder, Paß, Visa, ärztliche Untersuchung, Impfung etc.) trägt die Gesellschaft gegen Vorlage der entsprechenden Belege.

Auszug aus den Bedingungen der Firma Euro-Engineering
für die Entsendung ihres Personals ins Ausland

Für die Entsendung unseres Personals gelten, soweit im
Einzelfall nichts Abweichendes vereinbart ist, nach-
stehende Bedingungen:

1. Personalkosten

   1.1   Tages-, Stunden- und Auslösungssätze
        Wir berechnen für

	Satz pro Kalendertag bzw. Stundensatz	Auslösung pro Tag der Abwesenheit von Frankfurt einschließlich Reisetage (siehe Punkt 2.2)
a) Ingenieure	.... DM	.... DM
b) Bauleitende Richtmeister	.... DM	.... DM
c) Richtmeister	.... DM	.... DM
d) Monteure	.... DM	.... DM

Reisezeiten werden - auch an Sonntagen - wie
Arbeitsstunden berechnet.

   1.2   Die Sätze basieren auf der derzeitigen Kosten-
        lage und dem zur Zeit für unser Personal gelten-
        den Tarifabkommen unter Zugrundelegung einer
        ...-stündigen normalen Arbeitszeit an ... Tagen
        pro Woche. Bei Änderung der Kostenlage sowie der
        Abkommen behalten wir uns vor, vom Stichtag an
        entsprechende neue Sätze zu berechnen. Das glei-
        che gilt, wenn sich die Lebensverhältnisse bis
        zur Beendigung der Arbeiten am Einsatzort erheb-
        lich ändern oder der Auslösungsbetrag sich als
        nicht ausreichend erweisen sollte.

   1.3   Vorbereitungs- und Wartezeiten werden wie Ar-
        beitszeit berechnet. Zusätzlich wird Wegezeit zu
        diesen Sätzen berechnet, wenn für den Weg zwi-
        schen Unterkunft und Arbeitsstelle mehr als
        30 Minuten benötigt werden.

1.4 Erschwerniszuschlag

Für Arbeiten unter erschwerten Bedingungen (z.B.
Staub, Schmutz, Hitze, giftige Atmosphäre, Säure-
einwirkung) sind als Erschwerniszuschlag DM .....
pro Stunde zu vergüten.

1.5 Übernachtung

Sollten die Kosten für angemessene Übernachtung
höher als 40 % der Auslösung sein, so ist die
Differenz vom Besteller zu tragen.

1.6 Fahrt- und Ausrüstungskosten

1.6.1 Die Eisenbahnfahrtkosten 1. Klasse (erforder-
lichenfalls Schlafwagen) und die Flugkosten
unseres Personals zum Einsatzort und zurück
werden nach den tatsächlichen Auslagen einschließlich der Nebenkosten, wie Gebühren für
Visa, Gesundheitsattest, Impfungen, Fracht und
Zoll für Gepäck und Übergepäck, in Rechnung gestellt. Ist die Benutzung eines Kraftwagens er-
forderlich, sind pro km .... DM zu vergüten.
Als einmalige Ausrüstungsbeihilfe berechnen wir
für unser Personal pro Person DM ....

1.6.2 Alle Reisekosten, die im Lande des Bestellers
im Zusammenhang mit der Abwicklung des Auftrags
anfallen, sowie die Fahrtkosten zwischen der
Unterkunft und dem Einsatzort werden dem Besteller in Rechnung gestellt.

1.6.3 Sollten für die Fahrten zwischen Unterkunft und
Einsatzort keine öffentlichen Verkehrsmittel zur
Verfügung stehen oder deren Benutzung unzumut-
bar sein, so stellt der Besteller unserem Personal kostenlos einen PKW mit den erforderlichen
Betriebsstoffen, Versicherungen etc. zur Verfügung.

1.7 Krankheit und Unfall

1.7.1 Für die Zeit der Tätigkeit unseres Personals
auf der Baustelle sind vom Besteller die Lei-
stung Erster Hilfe durch geschultes Personal
sowie der etwa notwendige Transport zur ärztli-
chen Behandlung sicherzustellen.

1.7.2 Bei Arbeitsunfähigkeit unseres Personals infolge
von Krankheit oder Unfall sind die vereinbarten
Stunden- oder Tagessätze einschließlich der Aus-
lösungen weiter zu vergüten. Entstehende Kosten

Rüdiger Renner/Rudolf Sachs

Wirtschaftssprache Englisch/Deutsch · Deutsch/Englisch

Systematische Terminologie und alphabetisches Wörterbuch mit Übersetzungsübungen

3., völlig neu bearbeitete Auflage, 543 Seiten, Linson, Hueber-Nr. 6201

Schlüssel zu den Übersetzungsübungen, Hueber-Nr. 2.6201

Günther Haensch/Rüdiger Renner

Wirtschaftssprache Französisch/Deutsch · Deutsch/Französisch

Systematischer Wortschatz mit Übersetzungsübungen und alphabetischen Registern

4., völlig neu bearbeitete und erweiterte Auflage, 539 Seiten, Linson, Hueber-Nr. 6202

Günther Haensch/Francisco López Casero

Wirtschaftssprache Spanisch/Deutsch · Deutsch/Spanisch

Systematischer Wortschatz mit Übersetzungsübungen und alphabetischen Registern

2., völlig neu bearbeitete und erweiterte Auflage, 483 Seiten, Linson, Hueber-Nr. 6203

Nikolai Grischin/Günther Haensch/Rüdiger Renner

Wirtschaftssprache Russisch/Deutsch · Deutsch/Russisch

Systematischer Wortschatz mit Übersetzungsübungen und alphabetischem Wörterbuch

480 Seiten, Linson, Hueber-Nr. 6207

Jedem Sachkapitel mit dem entsprechenden Wortschatz und der Phraseologie schließen sich deutsch- und fremdsprachige Übersetzungsübungen an. Die Bände eignen sich für Studenten der Wirtschaftswissenschaft, Außenhandelskaufleute und Fachübersetzer.

 Max Hueber Verlag